Eu amo o LIAM
Você é fã número 1 dele?

Eu amo o LIAM
Você é fã número 1 dele?

Tradução de
Patrícia Azeredo

1ª edição

Rio de Janeiro | 2013

CIP-BRASIL. CATALOGAÇÃO NA PUBLICAÇÃO
SINDICATO NACIONAL DOS EDITORES DE LIVROS, RJ

E86   Eu amo o Liam: você é fã número 1 dele? / Jim Maloney ... [et al.] ;
       tradução Patrícia Azeredo. – 1. ed. – Rio de Janeiro: Best*Seller*, 2013.

       il. (Eu amo One Direction ; 2)
       Tradução de: I love Liam
       ISBN 978-85-7684-716-8

       1. One Direction (Conjunto musical). 2. Músicos de rock – Inglaterra.
       I. Maloney, Jim. II. Título. III. Série.

13-00160   CDD: 782.421640942
                                                CDU: 784.011.26(420)

Texto revisado segundo o novo Acordo Ortográfico da Língua Portuguesa.

Título original inglês
I LOVE LIAM
Copyright © 2013 by Buster Books
Copyright da tradução © 2013 by Editora Best Seller Ltda.

Publicado primeiramente na Grã Bretanha em 2013 pela Buster Books, um selo da
Michael O'Mara Books Limited.

Capa original adaptada por Gabinete de Artes
Editoração eletrônica: Abreu's System

Todos os direitos reservados. Proibida a reprodução,
no todo ou em parte, sem autorização prévia por escrito da editora,
sejam quais forem os meios empregados.

Direitos exclusivos de publicação em língua portuguesa para o Brasil
adquiridos pela
Editora Best Seller Ltda.
Rua Argentina, 171, parte, São Cristóvão
Rio de Janeiro, RJ – 20921-380
que se reserva a propriedade literária desta tradução

Impresso no Brasil

ISBN 978-85-7684-716-8

Seja um leitor preferencial Record.
Cadastre-se e receba informações sobre nossos lançamentos e nossas promoções.

Atendimento e venda direta ao leitor
mdireto@record.com.br ou (21) 2585-2002

Sumário

Sobre este livro	7	Todas as direções!	52
Escrito nas estrelas	8	Adivinhe quem é	54
Forever Young	13	Last First Kiss	57
Doces tuítes	17	A calculadora do amor	60
Mico!	18	Um dia perfeito	61
Superfãs	20	O que você prefere?	79
Universo do Twitter	23	Fatos fantásticos!	81
Entrevista exclusiva	25	Role o dado	83
Favoritos	32	Linha do tempo	86
Verdadeiro ou falso?	35	Muito estiloso	91
Qual é a sua música-tema?	38	Sonhe alto	94
Qual foi a pergunta?	40	Manchetes!	97
Stole my Heart	42	Um dia incrível na escola	100
Que dia!	46	Respostas	106
Um encontro delicioso	50		

Você ama o Liam. Simples assim.

Você o procura em todos os clipes, segue o integrante do 1D no Twitter e cola a foto dele na parede do seu quarto. Você, definitivamente, é fã dele. Mas será que é fã número 1?

Mostre o seu conhecimento sobre o Liam respondendo aos testes bacanas e resolvendo os complicados enigmas deste livro. Deixe a sua imaginação voar com histórias incríveis e entrevistas para completar. Como você passaria um dia perfeito com o Sr. Payne?

Pegue uma caneta e siga as instruções no início de cada página. As respostas estão no final do livro.

É briLIAMte!

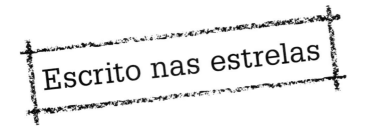

O HORÓSCOPO PODE REVELAR MUITO A SEU RESPEITO. VEJA O SEU SIGNO E DESCUBRA QUAL SERIA O PAPEL IDEAL PARA VOCÊ NA VIDA DO LIAM.

★ **ÁRIES (21 de março a 20 de abril)** ★
Você tem um talento natural para a liderança, além de coragem, entusiasmo, energia e uma incrível capacidade de manter o otimismo. Em relação ao Liam, você poderia ser:

Personal trainer
Sua energia e seu entusiasmo, misturados a uma capacidade contagiante de se divertir, fazem de você a pessoa ideal para colocar o Liam para malhar sem perder o sorriso!

★ **TOURO (21 de abril a 21 de maio)** ★
Confiável, leal e sem medo de trabalho, você tem ótima capacidade de planejamento e está sempre um passo à frente dos outros. Em relação ao Liam, você poderia ser:

Governanta
O Liam confia em você para cuidar do santuário dele a ponto de repassar as chaves do castelo. Sua função é tomar conta da casa mesmo quando ele estiver viajando, mantendo tudo limpinho e até pagando as contas.

GÊMEOS (22 de maio a 21 de junho)
Você está constantemente em busca de novas experiências e aprendizado. É sempre flexível e tem uma imaginação fértil. Em relação ao Liam, você poderia ser:

Assistente pessoal
O céu é o limite quando se trata da sua lealdade ao Liam, e como assistente pessoal você iria até o fim do mundo por ele. O Liam pode ter certeza de que você fará tudo com empolgação e entusiasmo.

 CÂNCER (22 de junho a 23 de julho)
Por baixo de sua casca, às vezes um tanto grossa, existe um coração de manteiga. Você é incomparavelmente leal e adora cuidar dos outros. Mas às vezes você precisa de apoio. Em relação ao Liam, você poderia ser:

Chef pessoal
Como chef de luxo do adorável Liam você teria todo o apoio de que precisa, acumulando elogios quando ele saborear as refeições sofisticadas feitas por você e falar maravilhas dos seus cardápios de dar água na boca.

 LEÃO (24 de julho a 23 de agosto)
Você é líder e dita tendências, é carismático, otimista, ousado e animado, além de ter uma verdadeira paixão pela vida. Em relação ao Liam, você poderia ser:

Estilista

Sua elegância e sua confiança são exatamente o que o Liam precisa para ter no palco um visual inigualável que se encaixe no estilo dele.

⭐ **VIRGEM (24 de agosto a 23 de setembro)** ⭐

Confiável e sempre pronto para ajudar, você gosta de pensar nas necessidades dos outros antes mesmo das suas. Também fica feliz em deixar os outros serem o centro das atenções, preferindo apenas observar de longe. Em relação ao Liam, você poderia ser:

Melhor amigo

Você tem as qualidades de doçura e gentileza que agradam ao Liam em uma pessoa de confiança, e sempre saberá o que é melhor para ele.

⭐ **LIBRA (24 de setembro a 23 de outubro)** ⭐

Profundo e romântico, você adora estar apaixonado e tem uma percepção especial para as coisas belas da vida. Em relação ao Liam, você poderia ser:

Fotógrafo oficial

Seu olho para a beleza funciona muito bem atrás das lentes de uma câmera, fotografando o Liam em uma série de poses maravilhosas, locações exóticas e ânimos diferentes.

⭐ **ESCORPIÃO (24 de outubro a 22 de novembro)** ⭐

Com esperteza e ambição, você deseja ter sucesso na vida e é mais do que capaz de chegar ao topo. Em relação ao Liam, você poderia ser:

Planejador de carreira

Sua inteligência e sua capacidade de tomar decisões, aliadas à crença de que o sucesso é obtido passo a passo, sempre manterão o Liam no topo e o estimularão a participar de novas empreitadas.

★ **SAGITÁRIO (23 de novembro a 21 de dezembro)** ★
Com empolgação, entusiasmo e um forte senso de aventura, você acredita que o céu é o limite e fica mais feliz quando está fazendo algo. Em relação ao Liam, você poderia ser:

Motorista

Você adora viajar, e levar o Liam para todos os lugares de carro, batendo papo durante o trajeto, certamente te proporcionará muita satisfação e felicidade no emprego.

★ **CAPRICÓRNIO (22 de dezembro a 20 de janeiro)** ★
Com ambição e uma boa cabeça para negócios, você tem muita paciência e ótima capacidade de organização. Em relação ao Liam, você poderia ser:

Organizador social

Planejando festas ou arranjando sua participação em cerimônias de premiação, eventos beneficentes e casamentos de celebridades, você será responsável por organizar o lado divertido da vida do Liam.

★ **AQUÁRIO (21 de janeiro a 19 de fevereiro)** ★
Com imaginação e criatividade, e sempre de modo inovador, você tem muita noção de certo e errado. Em relação ao Liam, você poderia ser:

Comprador pessoal

Liam vai adorar sua companhia e seu bom-senso quando você o levar para comprar roupas. Como é fã da moda ética, você também vai ajudá-lo a lutar pelo que é certo.

★ PEIXES (20 de fevereiro a 20 de março) ★

Vivendo em um mundo de sonhos e criatividade, você está em contato com o lado místico e sensual da natureza. Em relação ao Liam, você poderia ser:

Astrólogo

Sua intuição e sua habilidade espiritual, aliadas à capacidade de visão e interpretação, vão lhe permitir dizer o que o futuro reserva para o Liam.

QUANTO VOCÊ SABE SOBRE A VIDA DO LIAM ANTES DA FAMA? FAÇA O TESTE E DEPOIS CONFIRA AS RESPOSTAS NA **PÁGINA 106**. VAMOS LÁ, É MOLEZA!

1. Onde o Liam nasceu?
   a. Wolverhampton
   b. Birmingham
   c. Yorkshire

2. De quem são as músicas que o Liam mais gosta de cantar no caraoquê:
   a. Beatles
   b. Robbie Williams
   c. Elvis Presley

3. Qual era o nome da cadela de estimação que ele teve quando criança?
   a. Della
   b. Bella
   c. Stella

EU AMO O LIAM

4. O que o Liam aprontava na escola?
a. Ligava o alarme de incêndio
b. Escondia as coisas do professor
c. Fazia guerra de água no banheiro

5. Segundo o próprio Liam, qual foi seu momento mais constrangedor na escola?
a. Quando abaixaram sua calça e cueca na aula de Educação Física.
b. Quando a mãe apareceu no portão da escola com uma capa de chuva e o obrigou a vesti-la.
c. Quando ele caiu no palco durante a apresentação de uma peça.

6. Onde o Liam já trabalhou?
a. Em uma fábrica de biscoitos
b. Em uma fábrica de aviões
c. Em uma fábrica de carros

7. Atleta habilidoso, ele quase conquistou um lugar na equipe escolar de atletismo da Inglaterra em que esporte?
a. Salto em distância
b. Corrida
c. Salto em altura

8. Qual o nome do grupo de teatro do qual Liam fez parte?
a. Pink Productions
b. Peak Productions
c. Play Productions

EU AMO O LIAM

9. Em que peça ele atuou quando fez parte desse grupo de teatro?

a. *Os embalos de sábado à noite*
b. *Grease - Nos tempos da brilhantina*
c. *Guys and Dolls*

10. Em que escola ele cursou o ensino médio?

a. St. Barnaby's Senior
b. St. Paul's Comprehensive
c. St. Peter's Collegiate School

11. Que música ele cantou com um amigo em um concurso de talentos na escola?

a. "Crazy", do Gnarls Barkley
b. "If I Could Turn Back the Hands of Time", do R. Kelly
c. "Shine", do Take That

12. Que esporte o Liam praticou para se defender do bullying que sofria?

a. Boxe
b. Judô
c. Kung fu

13. Ele tem duas irmãs mais velhas. Como elas se chamam?

a. Georgia e Jess
b. Zoe e Charlotte
c. Nicola e Ruth

14. Depois de terminar o ensino médio, o que o Liam estudou na faculdade?
   a. Teatro
   b. Música
   c. Engenharia

Doces tuítes

O LIAM MOSTRA O SEU AMOR PELOS PAIS E PELOS FÃS NESTA COLETÂNEA DE TUÍTES. ELE TEM CORAÇÃO MOLE E NÃO TEM MEDO DE DEMONSTRAR ISSO:

Feliz Dia das Mães para a minha querida mãe Karen :) Ela é o máximo.

Fazendo comida chinesa com o meu pai, ele comprou um novo livro de receitas do Gok Wan. Hummm!

Gente, eu agradeço muito o apoio e amo todos vocês, mas às vezes isso é muita loucura para mim.

Ei, vcs que estão tuitando vou tentar responder tudo se vc tiver uma pergunta e eu não responder desculpe sei que vou responder uma hora bjs.

Temos os melhores fãs do mundo. Agradeço muito o apoio de todos vocês. Vou tentar voltar a tuitar logo. bj

Obrigado a todos que ajudaram a colocar Little Things e Take Me Home no 1º lugar! Amo todos vocês! Realmente são os melhores fãs do muuuundo.

Obrigado a todo mundo que está me seguindo. A gente devia dar um imenso abraço coletivo :D.

TODO MUNDO JÁ PASSOU POR ALGUM MOMENTO VERGONHOSO QUE PREFERIA ESQUECER. O ADORÁVEL LIAM ADORA CONTAR TUDO AOS FÃS. MAS SERÁ QUE VOCÊ CONSEGUE DIZER QUAL DESTAS HISTÓRIAS SÃO VERDADEIRAS E QUAIS SÃO FALSAS? VEJA COMO VOCÊ SE SAIU NA **PÁGINA 106**.

1. Uma vez o Liam esqueceu a letra de uma música enquanto se apresentava no palco, bateu no microfone com a mão e fingiu que não estava funcionado.

☐ Mico de verdade   ☐ Fracasso falso

2. Quando perguntado em uma entrevista se visitaria o vestiário feminino caso ficasse invisível por um dia, o Liam respondeu: "E eu pareço ser o tipo de garota que faria isso? Eu falei garota? Ah, não! Foi um dia longo. Faço isso o tempo todo."

☐ Mico de verdade   ☐ Fracasso falso

3. O Liam tinha uma chapinha de cabelo cor-de-rosa.

☐ Mico de verdade   ☐ Fracasso falso

4. O Liam ficou tão impressionado ao conhecer o ator Will Smith que não conseguiu falar e teve que deixar a conversa para os colegas de banda.

☐ Mico de verdade   ☐ Fracasso falso

5. As calças do Liam rasgaram no palco e ele teve que se apresentar para 8 mil pessoas com um buraco imenso, deixando à mostra sua cueca do Super-Homem.

☐ Mico de verdade   ☐ Fracasso falso

6. Ele admite que ainda carrega o seu querido ursinho de pelúcia nas turnês.

☐ Mico de verdade   ☐ Fracasso falso

7. Certa vez o Liam foi para a escola usando um sapato preto e outro marrom. Ele não notou até chegar lá e ser tarde demais para voltar em casa e trocar.

☐ Mico de verdade   ☐ Fracasso falso

Superfãs

TODOS OS INTEGRANTES DO ONE DIRECTION CONCORDAM QUE A BANDA TEM OS MELHORES FÃS DO MUNDO. ALGUNS ENCONTROS COM FÃS OS DEIXARAM ABALADOS, PERPLEXOS OU FORAM SIMPLESMENTE DIVERTIDOS. MARQUE QUAIS DESTAS HISTÓRIAS SÃO VERDADEIRAS E QUAIS SÃO FALSAS E CONFIRA AS RESPOSTAS NAS **PÁGINAS 106 E 107**.

1. Uma das coisas mais estranhas que um fã já fez com o Liam foi tentar lamber seu rosto.

☐ História verdadeira ☐ Mentira deslavada

2. Quando o Liam estava surfando com o Louis na Austrália, um fã deu a ele um tubarão de brinquedo.

☐ História verdadeira ☐ Mentira deslavada

3. Ele ficou assustado quando uma fã mostrou uma foto do cachorro de estimação que, segundo ela, era bem parecido com o Liam.

☐ História verdadeira ☐ Mentira deslavada

4. Os garotos receberam uma caixa de cenouras com os rostos deles desenhados. Como o Liam é o mais alto da banda, a cenoura com o rosto dele era a maior, e a do Niall tinha sido cortada ao meio.

☐ História verdadeira   ☐ Mentira deslavada

5. Um fã passou pela segurança, entrou em um prédio e assustou o Liam quando o agarrou.

☐ História verdadeira   ☐ Mentira deslavada

6. Um dos presentes mais práticos que ele já recebeu de um fã foi um canivete suíço.

☐ História verdadeira   ☐ Mentira deslavada

7. Uma fã teve que ser afastada por seguranças depois de insistir que a banda precisava dela como vocalista. Ela não aceitava ouvir um não como resposta.

☐ História verdadeira   ☐ Mentira deslavada

8. O Liam diz que o Zayn é o mais quieto quando os fãs se aproximam da banda, pois ele é muito tímido.

☐ História verdadeira   ☐ Mentira deslavada

9. Uma fã foi até a cidade onde o Liam nasceu e passou a noite em um saco de dormir em frente à casa que ela pensou ser dos pais dele. Porém, ela estava na casa errada.

☐ História verdadeira   ☐ Mentira deslavada

10. Os garotos estavam sendo levados em um carro de polícia das cataratas do Niágara até um fliperama localizado em um shopping quando uma fã descontrolada tentou invadir o carro e acabou presa.

☐ História verdadeira ☐ Mentira deslavada

11. O Liam diz que um dos presentes mais legais que já recebeu de um fã foi um boneco do Woody de *Toy Story*.

☐ História verdadeira ☐ Mentira deslavada

12. O Liam ficou lisonjeado quando uma fã disse que ele era o favorito dela no One Direction, mas desconsiderou quando ela completou: "Amo você, Louis."

☐ História verdadeira ☐ Mentira deslavada

13. Uma vez, ele assinou um autógrafo como "Justin Bieber" depois de uma garota se recusar a acreditar que ele não era o Bieber.

☐ História verdadeira ☐ Mentira deslavada

14. O Liam ficou confuso quando uma fã disse que não gostava muito do One Direction, mas queria o autógrafo dele mesmo assim.

☐ História verdadeira ☐ Mentira deslavada

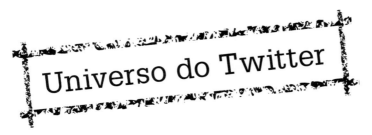

Universo do Twitter

O LIAM NÃO CONSEGUE EVITAR AS PIADINHAS NO TWITTER E NÃO SE ENVERGONHA DISSO! AQUI ESTÃO ALGUNS DOS TUÍTES MAIS ENGRAÇADOS DELE.

🐦 Nananananana batmannnn.

🐦 Queria ter confiança suficiente para falar com as pessoas.

🐦 Eu tive dores do crescimento lol.

🐦 Postman Pat, Postman Pat, Postman Pat and his black and white cattt... [Carteiro Pat, Carteiro Pat e seu gato preto e branco...]

🐦 Sentei ao lado do Niallanator no carro... Cara, essas pernas são cruéis!

🐦 Sou o mestre da escova de dentes que acende.

🐦 Vocês só me amam por causa da minha escova de dentes que acende ha.

Não quero preocupar ninguém, mas acho mesmo que deixei minha escova de dentes no último lugar em que estivemos.

Para começar bem o dia, derramei Lucozade na minha calça sou muito estabanado.

OS PRINCIPAIS JORNALISTAS DE ENTRETENIMENTO DO PAÍS FORAM CONVIDADOS A UM HOTEL CINCO ESTRELAS DE LONDRES PARA ENTREVISTAR O LIAM PAYNE EM UMA COLETIVA DE IMPRENSA.

Há muita pressão, pois a editora da revista universitária em que você trabalha quer uma exclusiva. O que você perguntaria ao Liam? Preencha as lacunas na história a seguir.

Ao entrar no hotel, você vai para o grande salão em que se realizará a coletiva e se junta aos jornalistas, sentados em filas de cadeiras. Alguns minutos depois o Liam entra com uma assessora de imprensa, sorri, diz "Oi, obrigado pela presença" e senta-se à mesa principal. Os jornalistas são convidados a fazer perguntas ao Liam. Querendo deixar sua marca, você levanta uma das mãos, e a assessora lhe dá permissão para continuar. Você diz:

— Oi, Liam, meu nome é ....
..............., sou do ....
....

O Liam sorri e diz:

— ....
....

Sua primeira pergunta o faz rir. Você quer saber: ....
....?

O Liam responde:

— ....
....

Aproveitando que chamou a atenção dele, você rapidamente emenda: "Diga seis pessoas famosas do mundo, ainda vivas, que gostaria de convidar para jantar."

O Liam pensa por um tempo e depois responde:

— ....
....

A assessora dá uma olhada pelo salão, ansiosa para que outros jornalistas façam perguntas, mas você, caprichando na cara de pau, faz outra pergunta. E das boas:

— ....
....?

Ele sorri e responde:

— ....

....

Enquanto outros jornalistas fazem perguntas, você ouve as respostas do Liam e levanta a mão algumas vezes, mas parece que não terá outra chance. Quando você se dá conta, a coletiva de imprensa acabou. O material está ótimo, mas sua editora é difícil de agradar. Não adianta ter as mesmas declarações que os outros jornalistas têm. Ela quer uma exclusiva. E isso significa que de alguma forma você precisa falar com o Liam a sós. Mas como?

O Liam agradece a todos e se levanta. Ele sai da sala enquanto os jornalistas deixam o hotel por outra porta. Silenciosamente, você dá a volta no salão e sai discretamente pela mesma porta que o Liam.

Você não o vê logo de cara, mas depois faz uma curva e o avista logo adiante, com a assessora. Subitamente, eles param e dão meia-volta. Você o ouve dizer:

— Meu chapéu. Esqueci em cima da mesa.

A assessora diz que vai pegar. Você rapidamente abre uma porta e se vê em um grande depósito cheio de caixas, cadeiras empilhadas e vassouras, e dá um pulo quando ouve alguém bater na porta. Ah, não! A assessora te viu e agora você está encrencado. Depois de abrir a porta timidamente, você dá de cara com o Liam, e leva um susto.

— Sabia que tinha te visto — ele sorri, entrando na sala. — Posso ajudar em alguma coisa?

Você responde que sua editora quer uma exclusiva e por isso esperava fazer mais algumas perguntas. O Liam fecha a porta e diz:

— Manda ver. Pode perguntar.

Você nem consegue acreditar na sorte que teve e quer fazer uma pergunta digna de primeira página, se ele der uma boa resposta. Então você respira fundo e diz:

— ....
....

O Liam parece um pouco desconcertado com a pergunta, mas responde cuidadosamente:

— ....
....

Você fica feliz da vida. Isto é incrível. Você aproveita o embalo e continua:

— ....
....

E o Liam responde:

— ....
....

Bom, não tem como ficar melhor que isso. Até a editora vai adorar essa exclusiva.

Você ouve um barulho do lado de fora, e o Liam diz que provavelmente é a assessora procurando por ele.

— Eu saio primeiro e digo a ela que me perdi. Depois, quando tudo estiver tranquilo, você pode ir embora. Prometo que não conto nada.

— Agradeço muito — você responde.

— Espero que você tenha conseguido uma boa matéria.

Você sorri e responde:

— E eu espero que você consiga seu chapéu de volta.

Agora escreva a entrevista dos seus sonhos com o Liam.

ENTREVISTA EXCLUSIVA COM O LIAM

Por ....(escreva seu nome)

EU AMO O LIAM

Favoritos

O LIAM PODE SER SEU ASSUNTO FAVORITO, MAS VOCÊ SABE DO QUE ELE MAIS GOSTA? FAÇA ESTE TESTE PARA VER SE VOCÊ TEM IDEIA DO QUE O FAZ FELIZ. CONFIRA SUAS RESPOSTAS NA **PÁGINA 107**.

1. Qual é a boy band favorita do Liam?
   a. JLS
   b. The Wanted
   c. *NSYNC

2. De qual destes filmes ele gosta mais?
   a. *Monstros S.A.*
   b. A trilogia *Toy Story*
   c. *Os Incríveis*

3. Se ele pudesse trocar de lugar com outra celebridade, quem seria?
   a. Johnny Depp
   b. Will Smith
   c. Simon Cowell

4. Quem Liam considera um dos maiores artistas do mundo?

a. Michael Jackson

b. Robbie Williams

c. Paul McCartney

5. Qual é o astro, ou a estrela, de reality show favorito(a) dele?

a. Kim Kardashian, do *Keeping Up with the Kardashians*

b. Ozzy Osbourne, do *The Osbournes*

c. Stephanie Pratt, do *The Hills*

6. Qual a comida favorita dele quando está nos EUA?

a. Cheeseburguer

b. Torta de limão

c. Cachorro-quente

7. Que super-herói ele mais gostaria de ser?

a. Homem-Aranha

b. Super-Homem

c. Homem de Ferro

8. Qual sua música favorita do álbum *Up All Night*?

a. "One Thing"

b. "Gotta Be You"

c. "More Than This"

9. Qual destes é o doce favorito dele?
   a. Brownie de chocolate
   b. Donuts
   c. Torta de manteiga de amendoim com chocolate

10. Qual é a cantada favorita dele?
   a. "E aí?"
   b. "Oi, eu sou o Liam. E você?"
   c. "Gostaria de ir para outro lugar?"

11. Quando se trata de garotas, que tipo o Liam prefere?
   a. Morena
   b. Ruiva
   c. Loura

12. Em que franquia de cinema ele mais gostaria de atuar?
   a. James Bond
   b. X-Men
   c. Piratas do Caribe

13. Qual é a música dos Beatles de que o Liam mais gosta?
   a. "Help!"
   b. "Love Me Do"
   c. "Penny Lane"

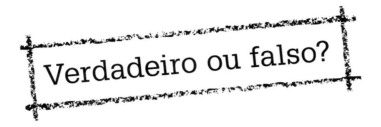

TODOS OS FATOS ABAIXO SÃO VERDADEIROS, MAS NEM TODOS SÃO SOBRE O LIAM. SERÁ QUE VOCÊ CONSEGUE ACERTAR? GANHA UM PONTO A MAIS SE DESCOBRIR QUAL INTEGRANTE DO GRUPO ESTÁ RELACIONADO À FRASE FALSA. AS RESPOSTAS ESTÃO NA **PÁGINA 107.**

1. O Liam gosta de cozinhar e tem um orgulho especial do seu curry chinês. Ele faz o molho do zero, usando a receita do pai.
   ☐ Verdadeiro
   ☐ Falso. É o ....

2. O Liam machucou o pé ao pisar em um ouriço-do-mar quando estava na casa dos jurados no *X Factor*.
   ☐ Verdadeiro
   ☐ Falso. Foi o ....

3. O Liam tem duas minitartarugas de estimação.
   ☐ Verdadeiro
   ☐ Falso. É o ....

4. Certa vez o Liam sonhou que estava jogando futebol na final da Liga dos Campeões com o David Beckham.

☐ Verdadeiro

☐ Falso. Foi o ....

5. O Liam achou o livro *O sol é para todos*, de Harper Lee, meio confuso, pois, depois de duzentas páginas, só tinha acontecido tragédia. O Sol é para poucos ali.

☐ Verdadeiro

☐ Falso. Foi o ....

6. O Liam gostava de ler o horóscopo quando era mais novo e agora quer que alguém leia a sua mão.

☐ Verdadeiro

☐ Falso. É o ....

7. O Liam diz que fica chateado consigo mesmo por usar as palavras "brilhante" e "fantástico" o tempo todo.

☐ Verdadeiro

☐ Falso. É o ....

8. O Liam odeia vespas, especialmente depois de ter sido picado por uma em um lugar bem doloroso!

☐ Verdadeiro

☐ Falso. É o ....

9. O Liam odeia aspargos.
☐ Verdadeiro
☐ Falso. É o ....

10. O número do Liam na audição do *X Factor* era 165616.
☐ Verdadeiro
☐ Falso. É o do ....

EU AMO O LIAM

Qual é a sua música-tema?

Começa a se arrumar para ir à boate. → **Que roupa você usa?**

→ Você se veste para impressionar. Quer estar deslumbrante.

→ Você escolhe ir casual, ou seja, ser bem bacana de chinelos e óculos escuros.

Início
Você e seus amigos estão de férias. O que você faz?

Corre para a praia em busca de sol, sal e suor. → **O que você leva?**

→ Toalha, livros e músicas. É hora de relaxar.

→ Snorkel, óculos de mergulho, raquete e bola. Você quer atividade.

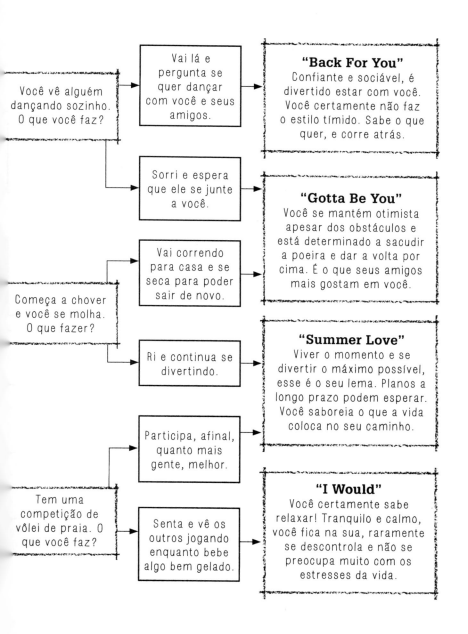

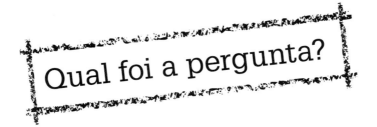

O LIAM JÁ RESPONDEU A TODO TIPO DE PERGUNTAS ESQUISITAS E MARAVILHOSAS EM ENTREVISTAS. AQUI ESTÃO ALGUMAS DAS RESPOSTAS DELE. VOCÊ CONSEGUE ASSOCIÁ-LAS ÀS PERGUNTAS CORRETAS? CUIDADO, POIS EXISTEM ALGUMAS PERGUNTAS FALSAS. VEJA A **PÁGINA 107** PARA CONFERIR AS RESPOSTAS.

Respostas do Liam

1. "Eu entraria em um avião e iria para qualquer lugar do mundo. Ninguém saberia. Poderia sair de férias."

2. "O Zayn adora deixar a janela do carro aberta de manhã, quando está absolutamente gelado no Reino Unido e eu estou sentado lá no meu lugar — a gente tem lugares fixos no carro..."

3. "Na maioria das vezes é assim que eu descubro as coisas! Com o Harry, tudo acontece rápido demais. Na verdade, o Harry é bem reservado. Ele conta algumas coisas para a gente, mas esconde outras."

4. "Podemos ser bonecos de cera no Madame Tussauds? Nunca pensamos nisso."

5. "Fiz baliza certinho pela primeira vez."

Perguntas:

A. Você já tem um boneco inspirado em você. Que outro produto gostaria de ver com seu nome?

B. Como é ler sobre a vida amorosa dos outros integrantes do 1D nos jornais?

C. Se você não fosse famoso por um dia, o que faria?

D. Qual o momento da sua vida que mais te deixou orgulhoso?

E. Existe alguma competição entre vocês para ver quem faz as maiores loucuras?

F. Se você ficasse invisível por um dia, o que faria?

G. O que vocês gostam e não gostam uns nos outros?

H. De tudo o que você fez na vida, o que deixou a sua mãe mais orgulhosa?

Anote suas respostas aqui:

1. .... **3.** .... **5.** ....

2. .... **4.** ....

EU AMO O LIAM

TODO MUNDO SABE QUE O LIAM É LINDO, SENSÍVEL, CARINHOSO E FOFO COMO UM FILHOTINHO.

LEIA AS HISTÓRIAS ABAIXO E AVALIE SEGUNDO O FOFÔMETRO A SEGUIR:

FOFÔMETRO

 Awww!

 Que gracinha!

 Superfofo!

 Overdose de fofura!

 Não aguento tanta fofura!

As garotas são loucas pelo Liam, mas ele ainda fica nervoso quando encontra celebridades.

"Eu diria que sou bem tímido, embora não pareça quando estou na frente das câmeras e tal. E se eu pedir uma foto com uma pessoa famosa, não me saio muito bem. Não tenho autoconfiança."

O Liam é extremamente generoso, especialmente quando se trata da família.

"Não sou uma pessoa que faz extravagâncias, mas dei um carro ao meu pai."

O Liam ficou emocionado quando ele e os colegas do One Direction encontraram crianças gravemente doentes e passaram o dia brincando e se divertindo com elas.

"É algo muito pequeno para nós, mas as crianças aproveitaram muito. Nós realmente adoramos fazer algo assim. Saímos de lá sorrindo porque elas são maravilhosas."

Ele adora os animais, particularmente cachorros. Por isso um filme sentimental sobre um cachorro o levou às lágrimas.

> "O único filme que me fez chorar foi *Marley e eu*. É um filme triste sobre um cachorro muito legal."

Ele pode ser um dos cantores de maior sucesso no mundo, mas o Liam ainda se preocupou com que os pais iriam pensar quando ele fez uma tatuagem:

> "Estou planejando fazer uma, mas não conte aos meus pais."

Quando lhe perguntaram qual é a única coisa que sempre o faz sorrir, o Liam respondeu:

> "O Louis. Não importa o que aconteça, ele sempre me faz rir, simplesmente porque ele é doido."

Qual é a melhor coisa de ser integrante do One Direction? Estrelato internacional? Riqueza? Que nada, é algo bem mais simples:

"Provavelmente, o fato de que todos nós fizemos quatro novos grandes amigos."

Como presente de aniversário de 18 anos, o Liam pediu que os fãs pensassem nos outros em vez de nele. E tuitou:

"Como presente de aniversário, gostaria que todos acessassem cancerresearchuk.org e doassem o quanto pudessem para ajudar na luta contra o câncer."

Ele é um cara que gosta mais de dar do que de receber.

"Quando se trata de aniversários, eu não me importo com quanto vai custar se o presente for fazer você feliz."

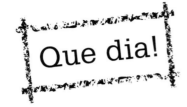

Que dia!

SE VOCÊ PUDESSE GANHAR DINHEIRO POR SONHAR ACORDADO COM O LIAM, CERTAMENTE SERIA UMA PESSOA MILIONÁRIA. AQUI ESTÃO TRÊS PÁGINAS PARA DESCREVER COMO SERIA UM DIA PERFEITO COM ELE. AONDE VOCÊS IRIAM? QUE ROUPA VOCÊ USARIA? VOCÊ O APRESENTARIA AOS AMIGOS OU MANTERIA O INTEGRANTE DO 1D SÓ PARA VOCÊ? ESCREVA A SEGUIR.

Precisa de ajuda para começar?
Tente responder às seguintes perguntas:

- ☐ Como começaria o seu dia?
- ☐ Do que você mais gosta no Liam?
- ☐ Para onde você o levaria?
- ☐ O que ele estaria vestindo?
- ☐ O que vocês comeriam juntos?
- ☐ O que você diria para ele?
- ☐ O que você gostaria de perguntar ao Liam?
- ☐ O que você gostaria que ele lhe perguntasse?
- ☐ Como terminaria o seu dia?

EU AMO O LIAM

EU AMO O LIAM

EU AMO O LIAM

Um encontro delicioso

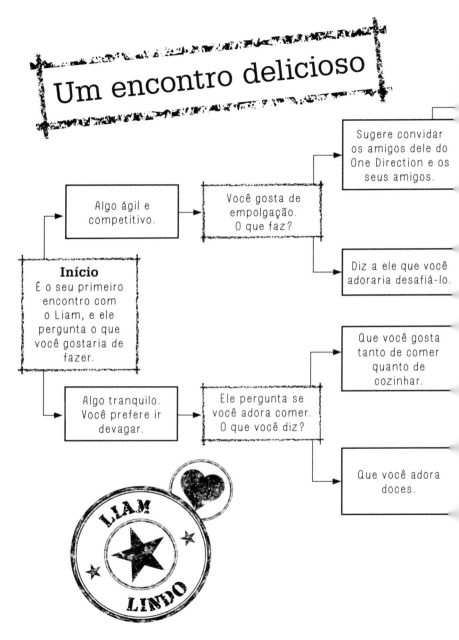

EU AMO O LIAM

Liam pergunta o que você gostaria de comer. O que você pede?

→ Hambúrguer e batata frita, com refrigerante. → **Parque de diversões** Você adora emoções, farras e sempre tem bastante empolgação. Um dia com o Liam em montanhas-russas de revirar o estômago seria a maior emoção da sua vida.

→ Não há tempo para comer, é hora de dançar! → **Dia de aventuras** Esportista e superfã de competições, você adora desafiar a si mesmo e aos outros. Um dia cheio de diversão e atividades com o Liam seria uma vitória.

Ele desafia você para um duelo na cozinha. Que prato você faz?

→ Uma salada com frutas frescas e legumes. Nada muito pesado.

→ Uma refeição caseira sem frescura, mas cheia de sabor. → **Jantar em casa** Você é uma pessoa tranquila e adora relaxar. Um jantar na casa do Liam, com ele cozinhando para você, seria perfeito. Boa comida em um ambiente tranquilo é o que você quer. Maravilha!

Ele leva você a uma confeitaria. O que você escolhe?

→ Um cupcake com glacê rosa delicioso.

→ Um cookie em formato de coração, que você dá de presente para ele! → **Jantar fora** Você é uma pessoa romântica demais, e um adorável jantar para dois em um restaurante chique, definitivamente, é a sua praia, especialmente na companhia do Liam.

51—

EU AMO O LIAM

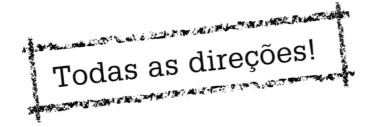
Todas as direções!

PARA CIMA, PARA BAIXO, PARA A FRENTE, PARA TRÁS, ATÉ NA DIAGONAL. NÃO IMPORTA EM QUE DIREÇÃO VOCÊ OLHE, TODAS AS PALAVRAS A SEGUIR ESTÃO ASSOCIADAS AO LIAM. VOCÊ CONSEGUE ENCONTRÁ-LAS SEM ERRAR? AS RESPOSTAS ESTÃO NA **PÁGINA 108**.

LIAM PAYNE

NIALL

LOUIS

HARRY

ZAYN

SIMON COWELL

UP ALL NIGHT

ALL SAINTS

TAKE ME HOME

"GOTTA BE YOU"

TOY STORY

WOLVERHAMPTON

EU AMO O LIAM

R	T	T	H	G	I	N	L	L	A	P	U	N	O	T
S	A	E	F	I	C	R	B	X	T	F	O	H	N	A
S	V	E	U	O	Y	E	B	A	T	T	O	G	E	K
E	H	N	E	O	E	A	L	M	P	S	C	V	T	E
T	O	Y	S	T	O	R	Y	M	B	H	L	T	G	M
A	O	A	M	N	V	H	A	Y	R	I	L	K	M	E
H	T	P	I	Z	R	H	C	I	O	U	E	C	E	H
B	T	M	K	E	R	H	S	D	Y	H	W	S	I	O
O	A	A	V	E	G	M	J	R	A	T	O	E	O	M
Y	T	I	V	T	Z	Q	R	S	N	K	C	L	D	E
K	E	L	E	N	I	A	L	L	C	G	N	Y	A	Z
W	O	D	T	J	H	T	O	D	E	N	O	A	B	I
W	F	I	I	T	D	U	N	L	H	I	M	E	D	A
I	N	S	H	G	I	H	N	Y	D	F	I	B	I	T
V	L	C	W	S	B	S	T	N	I	A	S	L	L	A

53

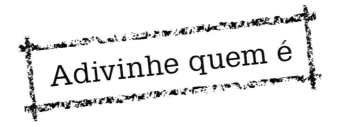

Adivinhe quem é

LEIA AS FRASES DO LIAM A SEGUIR E VEJA SE CONSEGUE DESCOBRIR DE QUEM OU DO QUÊ ELE ESTÁ FALANDO. AS RESPOSTAS ESTÃO NA **PÁGINA 108**.

1. "Tive que bater na porta dele algumas vezes porque ele estava tocando música alta por volta de 1 hora da manhã." De qual integrante do One Direction o Liam está falando?

Dica: Ele é barulhento e tem um topete enorme.

De quem ele está falando? ....

....

2. "Taylor é neutro. Pode ser um menino ou uma menina." Por que o Liam estava tão interessado neste nome?

Dica: Que rapaz preocupado com o futuro!

Do que ele estava falando? ....

....

3. "Elas ganharam bons presentes. E não esperavam. Só sei que comprei iPads para elas de presente de Natal." Quem teve essa sorte natalina?

Dica: Está aí um garoto generoso!

Quem é? ....

....

4. "Fiquei muito nervoso hoje. Conheci um dos meus ídolos e nem consegui olhar diretamente para ele," tuitou o Liam, postando uma foto dele com qual cantor norte-americano?

Dica: É um rapper que tem uma esposa famosa.

Quem é? ....

....

5. "Sei lá... Ele pensa de um jeito diferente. Está em uma frequência diferente da de todo mundo, às vezes... E eu adoraria descobrir o motivo." Esta foi a resposta do Liam ao ser perguntado com quem ele gostaria de trocar de lugar na banda por um dia. Mas quem era?

Dica: Ele é diferente porque não nasceu no mesmo país que os outros garotos.

Quem é? ....

....

6. "Ele nunca sai da cama. Na verdade, ele foi o terceiro a entrar no carro hoje, então, até que foi bem, mas ele é incrivelmente preguiçoso. Não no sentido de 'Não posso me dar ao trabalho de pegar uma bebida para você', e sim no de dormir demais, ele é sempre o último a se levantar." De quem o Liam estava falando?

Dica: Ele provavelmente leva mais tempo para se arrumar, também.

De quem ele está falando? ....

....

7. "É tudo uma questão de ser espontâneo, tranquilo, apenas gostar de viver a vida e se divertir, sabe? Esse tipo de coisa, viver o momento. É meio que o lema do Louis." A que música o Liam estava se referindo?

Dica: Um ótimo começo para o álbum.

De qual música ele está falando? ....

....

APESAR DA FAMA E DE SER ADORADO POR LEGIÕES DE FÃS, O LIAM ADMITE FICAR TRAVADO QUANDO SE TRATA DE GAROTAS. VEJA O QUE ELE PENSA SOBRE O AMOR, O ROMANCE E TUDO O QUE SE RELACIONA A SENTIMENTOS.

Quando o assunto é Dia dos Namorados, ele gosta de caprichar:

> "Em um Dia dos Namorados, a minha namorada da época insistiu que só queria um moletom com capuz igual ao meu. Eu pensei: 'Isso é pouco demais', então comprei uma caixa, coloquei o moletom com capuz dentro, junto com um ursinho de pelúcia, 12 rosas vermelhas e um CD do Justin Bieber."

Quando está com uma menina, ele gosta de cozinhar, mas prefere não complicar:

> "Se eu fosse cozinhar pra uma garota, faria fajitas, porque é simples e ela poderia escolher o acompanhamento que quisesse, sem pressão."

Ele negou estar namorando a colega de *X Factor* Leona Lewis, mas não tem problemas em admitir uma quedinha por ela. Quando lhe perguntaram de que celebridade ele gostava, a resposta foi:

"Leona Lewis. Ela é gata e parece ser uma boa pessoa."

Às vezes a beleza realmente não importa quando se trata de ser atraente. Algo que o Liam não gosta em relação a garotas é:

"Muito bronzeado artificial. Mãos cor de laranja. Ninguém gosta de mãos cor de laranja."

As duas irmãs mais velhas do Liam "fizeram o casamento" dele quando era bem novo, e ele beijou pela primeira vez uma menina que era sua vizinha:

"Minha irmã decidiu que seria legal brincar de 'casamento'. Meus pais participaram e tudo."

Por ser tímido, ele gosta de deixar o clima divertido e tranquilo no primeiro encontro, e o seu lugar ideal para levar uma garota é:

"Boliche ou cinema. O cinema evita toda aquela conversa meio desconfortável."

Ele acredita que vale a pena tentar de novo se for rejeitado por uma menina, mas sabe muito bem a hora de desistir:

"Acho que você tem que continuar tentando um pouco, porque não sabe se ela está fazendo joguinho. Pode ser um teste para ver se você realmente gosta dela. Agora, se a garota parar de atender as suas ligações, aí é hora de seguir em frente!"

O primeiro beijo dele foi bem esquisito:

"Não me lembro de muita coisa, então não pode ter sido ótimo! Eu tinha 11 ou 12 anos e me lembro de bater os dentes, mas acho que peguei o jeito!"

O Liam admite que acha mais fácil paquerar pelo telefone:

"Não sou bom em falar com as garotas. Prefiro pegar o telefone e mandar uma mensagem de texto."

Para conquistar o coração dele a garota não precisa ser assim, mas teria vantagem se fosse:

"Minha garota perfeita teria cabelo encaracolado, é... E talvez olhos azuis. Cabelo castanho-claro, meio alourado."

A prática leva à perfeição, mesmo se não tiver ninguém para praticar:

"Eu treinava o beijo nas costas da mão. Não tenho vergonha de contar, porque todo mundo já fez isso!"

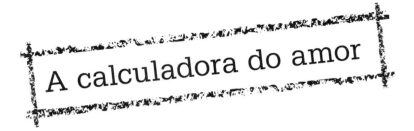

A calculadora do amor

UMA FORMA RÁPIDA E DIVERTIDA DE DESCOBRIR SE VOCÊ E O LIAM FORAM FEITOS UM PARA O OUTRO!

Escreva o seu nome e o dele com a palavra LOVES (ama, em inglês) no meio. Depois anote quantas vezes as letras L, O, V, E e S aparecem no seu nome e no dele, mas não conte as letras da palavra LOVES, que está no meio! Some os pares de números: o primeiro com o segundo, o segundo com o terceiro e daí em diante até chegar a uma "porcentagem" final, que indica a probabilidade de você ser a garota dos sonhos do Liam.

Veja um exemplo:

JAN LAVERNE LOVES LIAM PAYNE

São dois Ls, nenhum O, um V, três Es e nenhum S.

Anote assim: 2 0 1 3 0

Some cada par de números até restarem apenas dois:

```
2 0 1 3 0
 2 1 4 3
  3 5 7
   8 1 2
   9 3 %
```

Um dia perfeito

TALVEZ VOCÊ JÁ TENHA SONHADO EM AJUDAR SEU INTEGRANTE FAVORITO DO ONE DIRECTION QUANDO ELE PRECISASSE, E A HISTÓRIA DE AVENTURA A SEGUIR COLOCA VOCÊ NO COMANDO.

É manhã de segunda-feira, e você se esqueceu de programar o despertador.

Sua mãe chama do andar de baixo, e você se arrasta para fora da cama, veste as roupas e come uma torrada antes de sair correndo porta afora, despedindo-se com um rápido "Tchau, mãe. Tchau, pai".

Já fora de casa, você vê a sua scooter nova e reluzente, um presente dos seus pais por ter tirado a carteira de motociclista. Mas a faculdade é bem perto, e apesar de a moto ser seu orgulho, ela vai ficar mais segura em casa, por isso você decide ir a pé.

Ao dobrar a esquina, ainda sonhando com o ótimo fim de semana que teve com seus amigos, você se surpreende ao ver um carro preto luxuoso com janelas escuras estacionado no meio-fio.

Um homem de terno está consertando algo embaixo do capô e resmungando em voz alta. Quando você se aproxima, a janela traseira se abre e um rosto familiar aparece.

— Está conseguindo, Jeff? — pergunta o rapaz lá de dentro. Você para na mesma hora. Não pode ser! É ele!

É o Liam Payne.

— Desculpe, Liam — grita o motorista. — A situação não está boa. Preciso levar o carro a uma oficina imediatamente, e para isso preciso chamar um reboque.

— Mas eu preciso estar na cidade do show desta noite! — O Liam se desespera. — O que vamos fazer?

Neste momento, o motorista vê você e pergunta:

— Você mora por aqui? Pode nos ajudar? Sabe onde fica a oficina mais próxima?

Na verdade, o seu pai, que estava tomando café quando você saiu de casa, é um ótimo mecânico.

Após ajeitar o cabelo apressadamente e desamassar suas roupas, o que você faz?

Decida entre as opções a seguir:
1. Vai buscar seu pai para consertar o carro imediatamente. Leia a parte **A** na **página seguinte**.
2. Pergunta ao Liam se ele quer uma carona na garupa da sua scooter. Leia a parte **B** na **página 71**.

O Liam abaixa mais a janela e diz, com um sorrisão no rosto:

— Isso é muito gentil da sua parte. Acha que ele se importaria em fazer o conserto? Garanto que será muito bem pago.

— C-c-claro que ele não vai se importar — você diz, gaguejando nervosamente, desejando ter usado sua calça jeans favorita hoje e percebendo que esta pode ser a sua chance. — Não vai levar nem um minuto.

O mais calmamente possível, você vira a esquina. Mas assim que sai do campo de visão deles, corre com tudo, de tanta vontade que está de chegar em casa.

Entrando pela porta às pressas, você conta rapidamente a história toda ao seu pai, que ri enquanto pega o kit de ferramentas e diz:

— Vou ver o que posso fazer. Você vem?

— Já estou indo.

Quando ele sai, você corre para o segundo andar, penteia o cabelo e troca de calça rapidamente. Antes que se possa dizer "That's What Makes You Beautiful", você já virou a esquina.

Ao encontrar seu pai com o rosto enfiado no motor e sacudindo a cabeça, você percebe que o trabalho vai levar um tempo.

— Está meio complicado — diz o seu pai. — Eu posso consertar, mas vai demorar algumas horas.

— Tudo bem. Desde que eu esteja lá à tarde, não tem problema — responde o Liam. Em seguida, ele se vira para você e pergunta: — E aí? O que tem para fazer por aqui? Acho que tenho um tempo livre.

O que você sugere?

> **Decida entre as opções a seguir:**
> **1.** Uma caminhada no parque seguida por um almoço tranquilo, leia a parte **A1** a seguir.
> **2.** Você está a fim de se divertir, e patinar no gelo parece uma ótima ideia. Leia a parte **A2**, na **página 68**.

A1: — Ótima ideia — aprova o Liam —, eu bem que estou precisando de ar fresco. Uma caminhada parece perfeita. — De repente, ele se preocupa: — Não vai ter muita gente lá, vai?

— Duvido. O parque daqui é bem vazio durante o dia. Só tem um pessoal passeando com os cachorros — você o tranquiliza.

O Liam aceita, vestindo o casaco e um gorro.

— Então vamos lá, quero conhecer a paisagem local.

No portão do parque, o Liam para enquanto você confere se não tem ninguém e depois vocês andam juntos pela

Jogo dos erros

Você consegue encontrar oito diferenças entre a foto de cima e a de baixo? Verifique as respostas no final do livro.

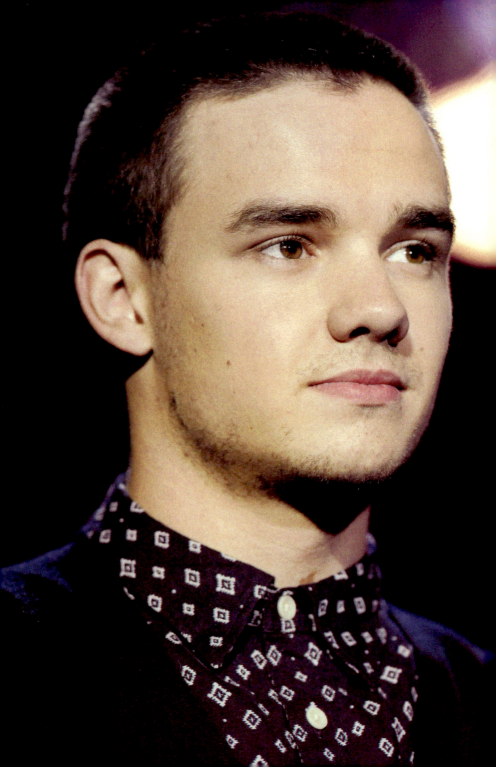

grama, conversando, e ele pergunta sobre o seu curso na faculdade. Subitamente, ele vê uma pilha de folhas de outono e começa a correr.

— Venha! — ele grita, pegando punhados de folhas marrons e amarelas e jogando na sua direção à medida que você se aproxima.

— Ei! — você ri, jogando outras folhas na direção dele. É o início de uma guerra de folhas, e vocês dois estão rindo tanto que nem notam um grupo de garotas vindo em sua direção.

Assim que você as vê, para e suspira internamente. São algumas amigas da faculdade passando pelo parque a caminho da sua casa para te procurar, já que não apareceu na aula esta manhã.

O que você faz?

Decida entre as opções a seguir:
1. Você se esconde nas árvores para evitar suas amigas e manter o Liam só para si. Leia a parte **A1a** a seguir.
2. Você casualmente o apresenta às suas amigas porque não consegue resistir à oportunidade de tirar uma onda. Leia a parte **A1b** na **página 66**.

A1a: — Eu conheço aquelas garotas. Elas vão espalhar o segredo se souberem que você está aqui. Talvez seja melhor a gente ir embora antes que elas o vejam.

— Para onde? — ele pergunta.

— Venha comigo — você responde, e os dois saem correndo pela floresta, rindo até perder o fôlego.

Após saírem por um portão lateral, não há sinal das garotas, e o Liam dá uma parada para retomar o fôlego.

— Que tal a gente almoçar? — ele propõe, com um sorriso no rosto.

— Ótimo, tem um café bem tranquilo ali na esquina.

No almoço vocês conversam mais um pouco e, enquanto o Liam devora um sanduíche de bacon, o celular toca. É o seu pai dizendo que o carro está pronto.

Quando você conta a novidade ao Liam, parece meio triste por sua aventura ter acabado. Ele percebe os seus sentimentos e elogia:

— Você foi sensacional. Que tal você e suas amigas irem ao show de hoje e conhecer os rapazes?

Fantástico. Uma oportunidade de vê-lo de novo e de compensar as suas amigas por ter saído correndo daquele jeito!

FIM

A1b: — São minhas amigas — você diz ao Liam. — Devem estar me procurando. Posso me livrar delas se você quiser.

— Não precisa — insiste o Liam. — Se são suas amigas, também são minhas. Vamos lá dar um oi.

Você anda na direção das três garotas tão casualmente quanto as suas pernas bambas permitem e apresenta o astro do 1D.

— Oi, gente, este é o Liam.

Uma das suas amigas estende a mão.

— Prazer em conhecer...

A voz dela falha quando ela percebe que as outras amigas estão de boca aberta, e a ficha cai.

O cantor aperta a mão dela e sorri:

— É um prazer conhecer todas vocês. Estávamos indo comer alguma coisa. Querem ir com a gente?

Aturdido, o trio fica vermelho ao aceitar o convite e parece surpreso quando o Liam vira para você e pergunta:

— Para onde vamos, chefe?

Você sugere um bistrozinho tranquilo cujo dono é um amigo do seu pai, onde você sabe que o Liam não vai ser incomodado. E vocês seguem para lá.

Durante o almoço, seu pai liga avisando que o carro está pronto e o Liam pode ir embora.

— Muito obrigado. Eu me diverti à beça aqui hoje. Vocês poderiam vir comigo, aí eu as apresento ao resto da banda.

Ele nem precisou falar duas vezes... Que dia perfeito!

FIM

A2: — Parece divertido. Não patino há anos. Vamos lá — diz ele.

— Eu patino muito bem. Vou mostrar — você responde, gabando-se.

Após deixar seu pai mexendo no motor, você vai feliz da vida para o rinque de patinação no gelo, que por acaso fica a algumas ruas de distância. Lá é sempre bem tranquilo de tarde, por isso você espera poder ter o Liam só para você.

No rinque, você calça os patins rapidamente, enquanto ele luta para amarrar os dele.

— Deixa eu te ajudar — você se oferece, totalmente confiante.

— Obrigado — ele sorri, tímido. — Espero que eu consiga ficar em pé.

— Depois que você pega o jeito, é fácil — você garante, desejando secretamente que ele precise segurar a sua mão para se equilibrar.

Ele caminha timidamente e devagar no gelo, enquanto você desliza com elegância. Depois ele hesita, e você estende a mão. O Liam aceita de imediato, o que faz suas bochechas frias ficarem coradas.

— Tá, vamos ver se você consegue se equilibrar. Vamos começar devagar...

Após algumas tentativas, ele parece estar pegando o jeito quando, horror dos horrores, você desaba totalmente, caindo no chão, machucando-se e ficando com as roupas molhadas. Você vê o Liam tentando não rir. O que você faz?

Decida entre as opções a seguir:
1. Esconde as lágrimas, sugere que é hora de ir embora, e vocês saem de lá o mais rapidamente possível. Leia a parte **A2a** a seguir.
2. Ri da própria desgraça. Quem mandou ficar tirando onda, não é? Leia a parte **A2b** na **página 70**.

A2a: O rosto do Liam muda do riso para a preocupação quando ele vê o resultado do seu tombo no gelo.

— Desculpe, você está bem? Se feriu? — pergunta ele.

— Só meu orgulho está ferido. Não costumo cair — você responde, triste.

Ele oferece a mão para te ajudar a levantar. Quando você o segura, ele também se desequilibra, e vocês dois acabam sentados no gelo, rindo como crianças.

— Vamos, estou a fim de um chocolate quente. Não sou bom nisso.

Na lanchonete do rinque, ele compra as bebidas quentes e vocês batem papo, surpresos com a quantidade de coisas que têm em comum.

Infelizmente, o celular toca e seu pai diz que o carro já está pronto.

No caminho de volta, você tem a infeliz certeza de que logo terá que dizer adeus ao Liam, mas ele parece ter lido seus pensamentos.

— Você me ajudou muito hoje. O dia foi ótimo. Gostaria de ir ao show à noite com convite VIP?

Um belo dia acabou de ficar ainda melhor.

FIM

A2b: Apesar da bunda molhada e do ego ferido, você morre de rir no gelo, e Liam parece aliviado.

— Você está bem? Desculpe por rir, mas não consegui evitar.

— Tudo bem — você sorri. — A culpa foi minha, por ficar me gabando tanto. Na verdade, eu não patino tão bem assim.

— Mas ainda é melhor do que eu — ele insiste, pegando a sua mão novamente, agora para te ajudar a sair do gelo. — Vamos começar de novo.

Após mais algumas voltas no rinque, a habilidade dele melhora, e você consegue impressionar com alguns movimentos bem bacanas, compensando o vexame anterior.

Está ficando tarde, e o Liam começa se preocupar com seus compromissos, então vocês encerram a patinação e voltam para o carro.

Quando chegam lá, seu pai está tomando uma xícara de chá com o motorista. O carro já foi consertado.

— Não tenho palavras para agradecer — diz o astro do 1D ao seu pai. Depois, voltando-se para você, ele acrescenta: — Nem para agradecer a você. Tive uma tarde maravilhosa. Se estiver livre hoje à noite, por que não vem com a sua família ao show e à festa que vai acontecer nos bastidores depois?

O seu dia perfeito acabou de ficar ainda melhor.

FIM

B: A porta do carro se abre e o Liam sai. Ele está mais lindo do que nunca, de calça jeans e camiseta com uma camisa jeans por cima.

— Parece divertido. Experimento de tudo ao menos uma vez — diz ele, sorrindo.

— Ó-ó-ótimo — você gagueja, pensando que pelo menos o capacete vai esconder o aspecto horrível do seu cabelo. — Vou passar em casa e pegar minha scooter e os capacetes.

— Vou andando com você até lá — diz Liam. E você caminha pela estrada em total deslumbre, mal acreditando que seu astro favorito do 1D está andando ao seu lado.

Em casa, você rapidamente sobe as escadas para pegar os capacetes e aproveita a oportunidade para ajeitar o cabelo. Novamente do lado de fora, você percebe que seu capacete reserva é roxo com flores laranja.

— Minhas cores favoritas — brinca o Liam. — Mas ainda bem que não tenho um cabelo igual ao do Harry.

O Liam diz o nome do local do show. Você sobe na scooter e ele passa os braços pela sua cintura. Você dá um suspiro de alívio por ele não conseguir ver o sorrisão bobo no seu rosto enquanto liga o motor. É hora de seguir caminho.

Enquanto você pilota, imagina o vento batendo no seu cabelo e o Liam apertando você com um olhar apaixonado.

Mas você se distrai nos devaneios, erra o retorno e agora está a quilômetros do destino e se perdeu totalmente.

O que você vai fazer agora?

Decida entre as opções a seguir:
1. Confessar que se perdeu e telefonar pedindo ajuda. Leia a parte **B1**, logo em seguida.
2. Arriscar e seguir em frente, esperando ver logo uma placa. Leia a parte **B2** na **página 76**.

B1: Você para no acostamento e desliga o motor. O Liam tira o capacete e pergunta:

— O que foi?

Com os nervos à flor da pele, você apela para uma piada ruim:

— Bom, nós estávamos indo em uma direção, né? — você diz, fazendo um trocadilho com o nome da banda em inglês — Mas deveríamos estar na direção oposta!

O Liam faz uma cara feia, e você instantaneamente se arrepende da brincadeira até ver um sorriso no rosto do cantor.

— Boa piada, mas você consegue achar a direção certa?

— Vou ligar para casa. Meu pai vai saber o caminho — você garante, já pegando o celular.

Basta uma conversa rápida para voltar ao caminho certo. Você não demora a achar a rua correta, mas, à medida que se aproxima do local, o Liam aperta você com mais força. Uma multidão de fãs aos berros marca presença lá, e ele não quer ser atacado. O que você faz?

Decida entre as opções a seguir:
1. Entra em uma rua lateral e o afasta do estádio para planejar o próximo passo. Leia a parte **B1a** a seguir.
2. Enfrenta a multidão e vai até o portão onde ficam os seguranças, esperando que os fãs não notem o Liam com o capacete berrante. Leia a parte **B1b** na **página 74**.

B1a: Antes que a multidão tenha chance de ver o seu passageiro VIP, você entra à esquerda em uma rua residencial.

No fim da rua, você vê a entrada de um estacionamento reservado e para, a fim de elaborar um plano.

— Ufa, essa foi por pouco — diz o Liam. — Eu nunca teria passado pela multidão se tivessem me visto.

— Tá, e agora? Alguma ideia? — você pergunta.

— Só um minuto — diz o Liam, pegando o celular. Ele disca e conversa com alguém. — Na esquina... Leafy Lane... Vim de carona... Em uma scooter. — Ele logo desliga e diz: — Os seguranças estão mandando uma van. Não vai demorar.

— Uma van? Por que não um carro? — você pergunta.

— Bom, como colocar a sua scooter dentro de um carro? — ele ri. — Não pensou que eu já ia me despedir, não é? Você precisa conhecer os rapazes e assistir ao show.

Quando a van vira a esquina, não é mais a scooter que está acelerada, e sim o seu coração.

FIM

B1b: — Segure firme e mantenha a cabeça baixa — você grita para o Liam. — Vou passar com você pela multidão.

— Obrigado — diz ele com a voz abafada.

Vendo um portão onde está escrito "Segurança", você se dirige para lá e diminui a velocidade enquanto passa pela multidão.

— Estou passando! Abram caminho! — grita você na sua voz mais mandona.

Os fãs dão passagem, e o Liam abaixa a cabeça para não ser visto. Chegando ao portão, vocês são parados por um guarda parrudo que grunhe:

— Credenciais.

Bem baixinho, você diz:

— Tem um dos caras da banda na garupa, o Liam.

— Você está pensando que eu sou bobo? — ri o guarda.

— É verdade, sou eu — confirma o cantor, tirando o capacete. — Rápido, deixe a gente entrar!

Um grito de "LIAM!" é ouvido atrás deles, e a multidão avança. É a confirmação que o guarda precisava, rápido como um raio ele abre o portão, e você entra com a scooter.

Após estacionar em frente à entrada do palco, o Liam convida você para entrar. Lá dentro, quatro rostos familiares te recebem: Harry, Zayn, Louis e Niall.

Após as apresentações, o Liam diz:

— Você me salvou duas vezes no mesmo dia. É melhor ficar e ver o show. Te encontro quando sair do palco.

Seu coração está pulando de tanta empolgação. Não dá para ficar melhor do que isto.

FIM

B2: Seu coração fica a mil por hora ao perceber que se perdeu, mas você nunca foi de admitir os próprios erros e não há como fazer um retorno. Talvez, se você seguir em frente, ele não note o erro no caminho.

Depois de 15 minutos, você começa a entrar em pânico pois está se afastando cada vez mais do local do show e não há como pegar um retorno.

Neste momento, você avista uma placa. Há um retorno à direita, logo adiante. Ufa! Esperando que ele não vá notar, você segue para lá.

Ao chegar à periferia da cidade, você se orienta. Já sabe o caminho do estádio, mas está odiando a ideia de dizer adeus ao seu precioso passageiro.

Infelizmente, vocês chegam logo. Quando o Liam desce da scooter, se vira para você e diz:

— Nem sei como te agradecer. Você salvou a minha pele. Estou bem adiantado, então, que tal entrar e conhecer os rapazes? Ou será melhor dar uma fugida para comer alguma coisa?

Uau!, a escolha mais difícil da sua vida. Então, o que vai ser?

Decida entre as opções a seguir:
1. Você quer manter o Liam só para si por mais algumas horas. Leia a parte **B2a** a seguir.
2. Se você quer conhecer os rapazes, leia a parte **B2b** na **página 78**.

EU AMO O LIAM

B2a: — Eu estava esperando você dizer isso — diz o Liam.
— Seria ótimo poder conversar de verdade depois de ficar
na garupa da scooter o tempo todo.

Durante o almoço em um restaurante exclusivo dentro do
estádio, vocês descobrem que têm muito assunto.

Enquanto comem o prato principal, o Liam se aproxima e diz:

— Posso perguntar uma coisa? Você se perdeu para chegar
aqui?

Você fica com o rosto corado de vergonha, depois ri e
admite:

— Um pouco. Mas esperei que você não fosse notar.

Ele ri e você relaxa de novo. Bastam alguns minutos para
vocês estarem envolvidos na conversa, quando ele de
repente se manifesta:

— Ih, preciso ir. Tenho que fazer a passagem de som antes
do show.

Você se levanta, ele deixa bastante dinheiro para pagar a
conta, e os dois saem às pressas. Quando chegam ao local
do show, ele te dá um abraço e diz:

— Obrigado por salvar minha vida. Você vai ao show, não é?

Bom, não há como recusar.

FIM

B2b: — Não estou com muita fome — você responde. — Você se importaria se a gente se encontrasse com a banda?

— Claro que não, vamos lá.

Dentro do estádio, você não acredita no que vê. O imenso palco está montado para o show, e as pessoas correm de um lado para outro, acertando detalhes de última hora.

Nos bastidores, ele guia você por uma porta onde se lê: "Apenas VIPs."

— Já era hora, hein? — grita uma voz, que você descobre ser a do Harry Styles.

— Onde você estava, Liam? — completa o Niall que, depois de ver você, acrescenta: — Ah, entendi.

O Liam ri, conta a história toda, e os quatro garotos ficam ao seu redor, agradecendo por trazer o colega de banda. Então ele subitamente dá um abraço em você.

— Você foi meu anjo da guarda. Faço questão de que fique e assista ao show desta noite.

Um final perfeito para um dia perfeito.

FIM

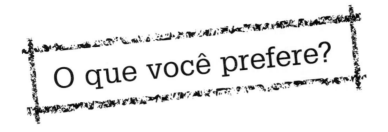

SÓ O FATO DE PASSAR UM TEMPO COM O LIAM JÁ SERIA DIVERSÃO MAIS QUE SUFICIENTE PARA A MAIORIA DAS PESSOAS, MAS SE VOCÊ PUDESSE ESCOLHER SUAS ATIVIDADES, QUAIS SERIAM? FAÇA SUAS ESCOLHAS A SEGUIR. E QUE TAL APROVEITAR PARA PEDIR A OPINIÃO DOS SEUS AMIGOS E COMPARAR SUAS RESPOSTAS COM AS DELES?

O que você prefere...

Ficar de bobeira com o Liam na casa dele, ouvindo os CDs do One Direction?	⬌	Ter uma aula de guitarra com o Liam?
Levar o Liam para conhecer os seus amigos?	⬌	Conhecer os amigos dele?
Ir surfar com ele?	⬌	Participar com ele de uma corrida de kart?
Andar pela praia juntos catando conchas?	⬌	Sair juntos para comprar roupas?

Divertir-se na Disneylândia? ⬌ Acompanhar o Liam a uma luxuosa cerimônia de entrega de prêmios?

Fazer vocais de apoio em uma música do One Direction? ⬌ Aparecer dançando em um clipe do 1D?

Nadar juntos com golfinhos? ⬌ Saltar de bungee jump?

Ser fotógrafo oficial do One Direction ⬌ Ser assessor de imprensa do 1D?

Que o Liam cante para você na sua festa de aniversário? ⬌ Que o Liam prepare uma refeição para você na sua casa?

Ir ao cinema com o Liam? ⬌ Assistir a um DVD com ele em casa?

Ser BFF do Liam? ⬌ Ser gerente de turnê do One Direction?

Ir a um jantar romântico com ele? ⬌ Sair para comer em um clima divertido com o Liam e seus melhores amigos?

Que o Liam componha e cante uma música sobre você? ⬌ Passar um dia em uma limusine chiquérrima com ele, passeando por Nova York?

Fatos fantásticos!

VOCÊ É NOTA DEZ QUANDO SE TRATA DE SABER TUDO SOBRE O LIAM? DESCUBRA COM ESTE TESTE: MARQUE OS QUADRADINHOS AO LADO DOS FATOS QUE VOCÊ JÁ SABIA. NÃO VALE ROUBAR, HEIN?

QUANDO TERMINAR, CONFIRA A PONTUAÇÃO DE SUPERFÃ NA **PÁGINA 82** E VEJA COMO VOCÊ SE SAIU.

- [ ] O apelido do Liam na banda é Daddy Direction (Papai Direction, em português).
- [ ] O Liam sofreu queimaduras em Barbados na casa de Simon Cowell, em 2008.
- [ ] Apenas um dos rins do Liam funcionava adequadamente quando ele era criança, por isso ele não bebe.
- [ ] O cachorro do Liam, Brit, tem um capuz com uma bandeira do Reino Unido e o nome dele gravado.
- [ ] O Liam tem fobia de colheres.
- [ ] Ele se vingou de um paparazzo intrometido na Suécia jogando uma bola de neve da varanda do hotel.
- [ ] O Liam foi escoteiro.
- [ ] O Liam e os garotos do One Direction foram expulsos da piscina de um hotel por mergulharem só de cueca.

- [ ] Ele aprendeu a tocar guitarra e piano sozinho.
- [ ] O Liam adoraria regravar "Hey Jude", dos Beatles.
- [ ] Ele se considera o melhor dançarino do One Direction.
- [ ] O Liam diz que é ele quem normalmente organiza os presentes nos aniversários dos colegas de banda. Mas os garotos não compram presentes de Natal uns para os outros.

PONTUAÇÃO DE SUPERFÃ

0-4 pontos
É preciso se esforçar mais. É necessária mais uma dose de comprometimento. Você tem uma tendência à preguiça e à falta de concentração.

5-8 pontos
Promissor. Você se esforça e está progredindo, mas precisa ralar mais um pouco para alcançar todo o seu potencial.

9-12 pontos
Muito bem! Um belo desempenho. Você tem dedicação e entusiasmo suficientes para tirar sempre nota 10!

EU AMO O LIAM

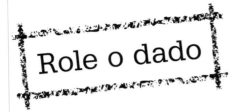

PARA DESCOBRIR O SEU DESTINO COM O LIAM, PEGUE UM DADO E SIGA AS INSTRUÇÕES ABAIXO.

1. Anote as suas ideias no espaço onde está escrito "Sua escolha" para as categorias A até E.

2. Mande ver! Role o dado uma vez para cada categoria. O número que aparecer é a escolha que o dado fez para você.

3. Escreva o seu futuro com o Liam no quadro da página ao lado e espere para ver se vai acontecer.

CATEGORIAS
A. Onde você e o Liam vão se encontrar:
1. Nos bastidores de um show **2.** Em um restaurante **3.** Na frente de um estúdio de TV ou de gravação **4.** Em um aeroporto **5.** No supermercado
6. (Sua escolha) ....
....

B. O que vocês vão fazer juntos:
1. Ir ao zoológico **2.** Fazer uma caminhada **3.** Cantar em dueto **4.** Ver um filme de terror **5.** Comer em um restaurante chique

6. (Sua escolha) ....

....

C. O que o Liam vai notar em você:
1. Seu visual totalmente fashion **2.** Seu senso de humor inteligente **3.** Seu cabelo maravilhoso **4.** Seu jeito descolado **5.** Seu sorriso atrevido

6. (Sua escolha) ....

....

D. O que ele vai te dar de presente:
1. Um celular top de linha **2.** Um carro esportivo
3. Aulas de canto **4.** Flores lindas toda semana
5. Uma foto autografada

6. (Sua escolha) ....

....

E. Para onde você e o Liam vão viajar:
1. Atenas, Grécia **2.** Sydney, Austrália **3.** Caribe
4. Nova York **5.** Quênia

6. (Sua escolha) ....

....

O seu futuro com o Liam:

Vou conhecer o Liam ....

Nós vamos ....

Ele vai ficar de queixo caído com meu ....
....

E vai me dar de presente ....

Vamos viajar para ....

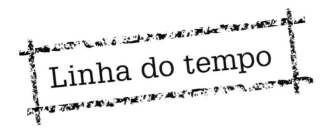

AJUDE A TRAÇAR O CAMINHO DO LIAM RUMO AO ESTRELATO PREENCHENDO AS LACUNAS NESTA LINHA DO TEMPO. AS PALAVRAS QUE FALTAM ESTÃO NO FINAL DA **PÁGINA 90**. DEPOIS CONFIRA AS RESPOSTAS NA **PÁGINA 109**.

29 de agosto de 1993: O Liam Payne nasce em Wolverhampton, West Midlands.

2008: Ele faz sua primeira audição para o *X Factor* aos 14 anos, cantando .... (1). Cheryl Cole diz: "Eu gostei de você. Achei uma gracinha. Tem carisma, sabe? E também aquela piscadinha abusada." Simon Cowell sentiu que faltava algo, mas o Liam passou para a etapa seguinte mesmo assim.

2008: Na etapa da casa dos jurados, o Liam canta "A Million Love Songs" diante de Simon Cowell e Sinitta. "Sinto dar más notícias", avisa Simon, antes de dizer ao Liam que ele é jovem demais para continuar. Ele aconselha o jovem a se concentrar nos estudos e voltar dali a dois anos.

Setembro de 2009: O Liam se apresenta para uma multidão de 29 mil pessoas em uma partida de futebol entre o Wolverhampton Wanderers e o Manchester United.

2010: Ele volta ao *X Factor*, canta ....
.... (2) e é aplaudido de pé pela plateia e por Simon: "Absolutamente incrível", diz o chefão. O Liam passa para a etapa seguinte com louvor.

2010: Na etapa do bootcamp, ele canta "Stop Crying Your Heart Out". O jurado Louis Walsh diz a Simon que gosta do Liam. O chefão responde. "Gosto dele, mas acho o garoto meio unidimensional."

Setembro de 2010: Em uma virada surpreendente, Simon Cowell diz aos cantores solo Liam, Zayn Malik, Louis Tomlinson, Niall Horan e Harry Styles que eles são bons demais para serem dispensados e decide colocá-los em um grupo. O Harry sugere o nome "One Direction". Eles se apresentam na casa do Simon em Los Angeles cantando "Torn", da Natalie Imbruglia.

Outubro de 2010: Na primeira apresentação ao vivo, o One Direction canta "Viva La Vida", do Coldplay, e é muito aplaudido.

Dezembro de 2010: O One Direction se apresenta com Robbie Williams na final do *X Factor*, cantando o sucesso dele .... (3). O grupo fica em terceiro lugar no programa, perdendo para Matt Cardle e Rebecca Ferguson, respectivamente vencedor e segunda colocada.

Março de 2011: O Liam posa orgulhosamente com o restante da banda no lançamento do primeiro livro, *One Direction: Forever Young*, que chega ao topo da lista dos mais vendidos.

Agosto de 2011: O Liam chega aos estúdios da Radio 1, em Londres, com os colegas de banda para o lançamento do single de estreia do One Direction, "What Makes You Beautiful".

Setembro de 2011: O single de estreia chega ao primeiro lugar no Top 40 do Reino Unido e passa 19 semanas consecutivas nas paradas.

Fevereiro de 2012: Ele viaja aos EUA com o One Direction para fazer uma turnê por lá.

Fevereiro de 2012: O One Direction ganha o prêmio de Melhor Single Britânico nos Brit Awards. Os garotos derrotam outros nove artistas e conquistam o troféu pelo primeiro single, "What Makes You Beautiful".

Março de 2012: O One Direction vira o primeiro grupo britânico a ir direto para o primeiro lugar na parada Billboard 200 dos EUA com o disco *Up All Night*.

Abril de 2012: O One Direction chega a Sydney para uma miniturnê pela Austrália e pela Nova Zelândia.

Maio de 2012: "What Makes You Beautiful" ganha disco de platina duplo nos EUA. Os garotos comemoram o fato de ser uma das boy bands britânicas a ter maior sucesso e estourar em território norte-americano.

Agosto de 2012: Os garotos do 1D cantam "What Makes You Beautiful" em um parque de diversões flutuante, na Cerimônia de Encerramento dos Jogos Olímpicos em Londres.

Agosto de 2012: O One Direction anuncia que o segundo disco se chamará *Take Me Home*. O principal single do álbum, "Live While We're Young", vira a música com a pré-venda mais rápida da história.

Setembro de 2012: O One Direction ganha três MTV Video Music Awards em Los Angeles. Eles derrotaram artistas como Justin Bieber e .... (4) na categoria Melhor Clipe Pop com "What Makes You Beautiful" e também ganharam o prêmio de Melhor Artista Novo. Os troféus são estatuetas de astronautas, e ao subir no palco para pegar o segundo o Harry disse: "Ganhar um Astronauta é sensacional. Ganhar dois é incrível, e me apresentar aqui é absolutamente fantástico, então muito obrigado por nos receberem." Depois de cantar "One Thing", eles conquistam o terceiro prêmio, de Melhor Clipe para Compartilhar.

Novembro de 2012: O 1D lança o segundo disco, *Take Me Home*.

Novembro de 2012: A banda fica nas paradas britânicas em dose dupla, com o novo single "Little Things" e o disco *Take Me Home* chegando ao primeiro lugar.

Novembro de 2012: O One Direction conhece a rainha da Inglaterra e se apresenta no .... (5), cantando "Little Things".

Dezembro de 2012: Eles fazem o maior show até então no .... (6), em Nova York, diante de 20 mil fãs aos berros. O Liam diz à multidão: "Isso é simplesmente incrível."

Fevereiro de 2013: O One Direction começa uma turnê mundial.

Palavras que Faltam

Rihanna

"Fly Me to the Moon"

Madison Square Garden

Royal Variety Performance

"She's the One"

"Cry Me a River"

— EU AMO O LIAM —

Muito estiloso

DO TIPO GAROTO COMUM E GENTIL, AO VISUAL BAD BOY, O LIAM NÃO TEM MEDO DE MUDAR E EXPERIMENTAR NOVOS VISUAIS.

VAMOS DESCOBRIR MAIS SOBRE O ESTILO DO LIAM? ENTÃO AVALIE A BELEZA DELE EM CADA UMA DAS ROUPAS DESCRITAS USANDO O ESTILÔMETRO ABAIXO.

É caipira ou grunge?
O Liam adora camisas xadrez, especialmente as que misturam tons de vermelho e azul. O armário dele deve ter várias!

Só no gorrinho
Assim como o Harry, o Liam adora um gorro de lã. Pensando bem, o Harry e o Liam devem emprestar um para o outro, porque os dois parecem ter uma quantidade infinita deles!

Bad boy
O Liam fofo e gentil, com cabelo macio e traços suaves, se transformou em um bad boy com cabelo de corte militar e jeans apertados, além de camisetas cinza de gola redonda simples. É sem dúvida um visual bem másculo, mas você o apresentaria à sua mãe vestido desse jeito?

Encapuzado
O Liam adora um capuz, e ninguém mais consegue usar esse acessório e continuar parecendo tão angelical!

Super-herói
Ele sempre foi fã de super-heróis, e o Batman é um dos seus favoritos, por isso o Liam adorou a oportunidade de se vestir como o homem-morcego em uma festa de Halloween em Londres. O visual de super-herói deixa o Liam gato?

Magnetismo animal
O Louis diz que os garotos do 1D ficaram de queixo caído quando viram os tênis do Liam durante a turnê: "Uma vez o Liam entrou no carro e levou uns 20 minutos até a gente olhar para baixo e notar que ele estava com tênis com estampa de oncinha", admite o Louis. "Ficamos perplexos!"

Cabelo mutante
O cabelo dinâmico do Liam é um assunto constante: tem estilo parecido com o do Bieber em uma hora e bem curtinho em outra. O Liam explicou que o estilo comprido e cacheado era mais fácil de cuidar. "O que aconteceu foi que nós fomos a um salão, eu esqueci minha chapinha e não fiz nada, então pensei que não ia me dar ao trabalho de fazer chapinha de novo. Antes eu tinha que acordar horas mais cedo para lavar, secar e alisar." Por que não ficar careca então, Liam? Seria ainda mais fácil.

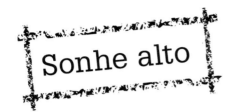

Sonhe alto

O LIAM SONHAVA EM SER CANTOR E ESTAVA DETERMINADO A ARRISCAR TUDO PARA CHEGAR LÁ. MESMO QUANDO NÃO CONSEGUIU, ELE LEVANTOU, SACUDIU A POEIRA E DEU A VOLTA POR CIMA.

LEIA ALGUMAS DE SUAS FRASES INSPIRADORAS E MOTIVACIONAIS E DEPOIS ACRESCENTE OS SEUS PENSAMENTOS E AS SUAS ASPIRAÇÕES.

"Bom, eu acho que o Simon provavelmente nos deu o melhor conselho, que era ser a banda que gostaríamos de ser. Acho que foi ótimo ouvir isso porque significava que nós poderíamos manter o som jovem e novo, sabe? E deu tudo certo!"

Qual o melhor conselho que você já recebeu?
....
....

"Há duas semanas, eu era apenas um cara comum de Wolverhampton, agora tem garotas gritando na minha janela."

O Liam disse isso depois da segunda audição para o *X Factor*. Na sua opinião, quais são as desvantagens de ser famoso?
....
....

"Acho que tenho o que é necessário para chegar lá porque passei por dificuldades bem cedo. Assumi um grande desafio, defini o meu objetivo e não desisti."

O Liam impressionou os jurados do *X Factor* ao dizer isso na segunda audição, depois de não ter conseguido ir às finais dois anos antes. Cite um momento em que você tenha superado uma derrota e tentado novamente.

....

....

"Eu sempre disse ao meu pai que queria ter tudo o que desejava por volta dos 21 anos. Esse era o meu sonho, e eu queria realizá-lo. Tenho muita sorte por estar no caminho certo para conquistar tudo isso, e por ter quatro dos melhores amigos do mundo ao meu lado."

Quais dos seus amigos você acha que ficarão ao seu lado pelo resto da vida?

....

....

"Minha família me dá muito apoio e tem o maior orgulho de mim."

Quem ou o que sempre coloca um sorriso no seu rosto?

....

....

"Isso (ganhar três MTV Video Music Awards) e cantar nas Olimpíadas foi quando eu pensei: 'É muito mais do que eu esperava.'"

Qual foi a maior realização da sua vida até agora?

....

....

"As pessoas me falavam que eu era um bom cantor, então pensei em tentar novamente e me inscrever para uma audição no *X Factor*."

Se você fosse participar do *X Factor*, que música escolheria para cantar e por quê?

....

....

"Inicialmente, todos nós queríamos ser artistas solo, então foi esquisito. Mas eu adoro estar na banda. Foi uma decisão difícil, mas nunca vou me arrepender dela. Nunca mesmo."

O Liam descreveu que os garotos se sentiram meio estranhos quando foram colocados em uma banda. Qual foi a decisão mais difícil que você já tomou?

....

....

Manchetes!

QUANDO SE OBTÉM TANTO SUCESSO QUANTO O ONE DIRECTION, TUDO O QUE VOCÊ FAZ VIRA MANCHETE. AQUI ESTÃO ALGUMAS DAS MANCHETES MAIS INTERESSANTES SOBRE O 1D, MAS NEM TUDO É O QUE PARECE: ALGUMAS SÃO VERDADEIRAS E, OUTRAS, INVENTADAS. VOCÊ CONSEGUE DESCOBRIR QUAIS? AS RESPOSTAS ESTÃO NAS **PÁGINAS 109 E 110**.

"CABELO DE LIAM TOMA UMA NOVA DIREÇÃO"
Parece que o cabelo do Liam tem vida própria, e não é de surpreender que todos fiquem de olho para ver qual será o próximo corte ou penteado do rapaz.

☐ Notícia verdadeira   ☐ Mentira deslavada

"VOU LARGAR TUDO E SEGUIR CARREIRA SOLO"
Ele começou como artista solo, claro, como todos os colegas de banda, mas será que o Liam realmente quer sair do One Direction em algum momento?

☐ Notícia verdadeira   ☐ Mentira deslavada

"LIAM PAYNE É PÃO-DURO"
Gentil e generoso, o Liam? Que nada!

☐ Notícia verdadeira   ☐ Mentira deslavada

"SE NÃO FOSSE PELO ONE DIRECTION, EU ESTARIA FAZENDO PEÇAS DE AVIÃO EM UMA FÁBRICA EM WOLVERHAMPTON"

Temos certeza de que é um trabalho bom, digno e satisfatório. Mas ele realmente disse isso?

☐ Notícia verdadeira   ☐ Mentira deslavada

"CREDO! ERA UM MONSTRO?"

Enquanto passava férias nas Highlands da Escócia quando criança, o Liam viu uma forma misteriosa no lago Ness e acha que pode ter sido o lendário Monstro do Lago Ness.

☐ Notícia verdadeira   ☐ Mentira deslavada

"QUE DIREÇÃO FOI ESSA?"

Certa vez, enquanto dirigia, o Liam viu que estava totalmente perdido quando pegou o caminho errado.

☐ Notícia verdadeira   ☐ Mentira deslavada

"SÓ QUERO O QUE EU PUDER COMER COM AS MÃOS"

O Liam contou que sua fobia por colheres agora também envolve garfos e facas.

☐ Notícia verdadeira   ☐ Mentira deslavada

"DOUTOR PAYNE"

Quando ainda estava na escola, ele pensou na medicina como profissão, mas o pai disse que "Dr. Payne" poderia não soar muito bem para os pacientes! (Pois "Payne" tem pronúncia semelhante à de "pain", que significa "dor" em inglês.)

☐ Notícia verdadeira   ☐ Mentira deslavada

"LIAM PAYNE DO ONE DIRECTION PESCA UM TUBARÃO"

O Liam pegou um peixão quando saiu para pescar na Califórnia.

☐ Notícia verdadeira   ☐ Mentira deslavada

"ASTRO DO ONE DIRECTION, LIAM PAYNE QUEBRA O DEDÃO DO PÉ"

Ele ficou de pernas bambas quando deixou cair um laptop no dedão do pé, ganhando uma folga que não queria.

☐ Notícia verdadeira   ☐ Mentira deslavada

"LIAM TEM FOTO ESTAMPADA EM CALCINHA DE FÃ"

Durante a apresentação do One Direction no Madison Square Garden em Nova York, uma fã jogou uma calcinha no Liam, com a foto dele estampada!

☐ Notícia verdadeira   ☐ Mentira deslavada

"LIAM DÁ UMA DE SUPER-HOMEM!"

Bom, isso sim é inédito! Liam experimentou cuecas por cima da calça em um programa de TV na Austrália.

☐ Notícia verdadeira   ☐ Mentira deslavada

Um dia incrível na escola

O DIRETOR DA SUA ESCOLA ANUNCIOU QUE UMA CELEBRIDADE VAI VISITAR A INSTITUIÇÃO DE ENSINO NO ÚLTIMO DIA DE AULA DO SEMESTRE, MAS A IDENTIDADE DO ASTRO OU DA ESTRELA É SEGREDO...

Este é só o começo da história. Agora, cabe a você desenvolvê-la, preenchendo as lacunas abaixo. Você pode usar as ideias que estão entre parênteses para ajudar, ou dar asas à imaginação.

Todos os alunos especulam sobre a identidade da celebridade misteriosa. A escola nunca foi visitada por alguém famoso, então quem poderia ser?

Uma garota sugere que pode ser ...., enquanto outra espera que seja ...., mas você não acha que será uma pessoa tão famosa assim.

Chega o grande dia, e todos os alunos estão empolgados no caminho para a escola, pensando na celebridade em questão. Vai ser realmente difícil se concentrar nas aulas.

Quando a manhã termina, o diretor anuncia do palco:

— Agora é o momento que eu sei que todos estão esperando. Gostaria de apresentar a nossa visita especial de hoje. Mas, antes disso, pensei em dar algumas dicas.

Acontece um murmúrio coletivo de decepção. Que tortura! Só tem uma pessoa que você realmente gostaria que fosse, e com certeza não vai ser ele.

— Ele é cantor e faz parte de uma das maiores bandas do mundo — diz o diretor.

A empolgação beira a histeria, mas você tem certeza de que o diretor está exagerando. Provavelmente, vai ser alguém de quem você nunca ouviu falar na vida.

O diretor aponta para a lateral do palco, sorri e diz:

— Pode entrar!

Para o seu espanto, é o seu ídolo, o Liam Payne!

Você não acredita no que está vendo, vira para os seus amigos e comenta:

— ....
.... (Estou sonhando? / Não acredito nisso! / Ele imita o Liam direitinho, não é?)

O Liam caminha até o microfone e, com um grande sorriso no rosto, diz:

— ....

.... (Oi, eu sou o Liam. / Como vocês estão? / Eu gostaria de agradecer ao diretor por ter me convidado para vir aqui.)

Quando os gritos param, o Liam diz que queria visitar a sua escola porque ....

.... (Um dos alunos escreveu para ele pedindo. / Ele escolheu por acaso. / Um dos primos dele estudou lá.)

Depois, o Liam quer saber se alguém tem alguma pergunta para ele. Muitas mãos se levantam, mas surpreendentemente ele aponta para você e pergunta o seu nome.

Você responde:

— ....

....

— E o que você gostaria de me perguntar? — diz ele, com um sorriso acolhedor.

Você pergunta:

— ....

.... (Quer se casar comigo?/ Me ajuda com o dever de casa? / Você ganha bem imitando o Liam Payne?)

EU AMO O LIAM

O Liam ri e responde:

— ....

....

E você diz:

— ....

....

Depois que os outros fazem suas perguntas, o diretor
diz que é hora de assistir às aulas enquanto o Liam dá
uma passeada pela escola. Não surpreende que ninguém
consiga se concentrar nos estudos e que os cochichos rolem
soltos. Todos ficam olhando para a porta, esperando o Liam
entrar. Mas isso não acontece.

Na hora do recreio, você entra na fila da lanchonete.
Subitamente, o diretor entra com o Liam, pedindo a todos
para se acalmarem e continuarem o que estão fazendo, mas
você se surpreende quando o Liam entra na fila logo atrás
de você, que se vira para encará-lo. Ele sorri para você, que
retribui a gentileza.

O Liam diz:

— ....

.... (Você me fez rir hoje mais cedo. / Que
bom ver você de novo. / A comida aqui é boa?)

103

Você diz que a melhor coisa para comer ali é ....
....

O Liam promete experimentar.

Todos estão olhando você com inveja, mas o Liam está concentrado apenas em você. Ele pergunta se pode se sentar ao seu lado para comer. O diretor reservou uma mesa vazia para o Liam, mas ele pergunta se você poderia se juntar a ele, com alguns dos seus amigos. O diretor responde:

— Claro que sim. Na verdade, vou deixá-lo batendo papo com os alunos. Tenho certeza de que eles não me querem por perto.

Que maravilha!

O Liam pergunta os nomes dos seus melhores amigos da escola, e você diz ...., ...
......................, ... e ....

Quando vocês dois se sentam à mesa, você chama os seus amigos também. O Liam conta como é estar no One Direction e como os fãs da banda são incríveis. Você diz que é superfã, especialmente dele. O Liam ri e diz:

— ....

.... (Quer meu autógrafo? / Que tal uns ingressos para você e seus amigos irem ao nosso próximo show? / De repente eu convido o resto da banda para vir aqui fazer um show especial no palco da escola.)

Você responde:

— ....

....

Depois de terminar de comer, o Liam se levanta e diz que precisa encontrar os colegas de banda para ensaiar e que ele adorou a sua escola.

Ele dá um abraço em você e depois:

....

.... (O telefone dele / Um passe VIP para os bastidores do próximo show do 1D / O chapéu dele, para guardar de lembrança)

— Até a próxima — ele se despede com um sorriso.

Que dia sensacional. Ah, se os dias de aula fossem sempre assim!

Forever Young
Páginas 13 a 16

1. a	**5.** a	**9.** a	**13.** c
2. b	**6.** b	**10.** c	**14.** b
3. a	**7.** b	**11.** b	
4. c	**8.** a	**12.** a	

Mico!
Páginas 18-19

1. Mico de verdade
2. Mico de verdade
3. Mico de verdade
4. Fracasso falso
5. Mico de verdade
6. Fracasso falso
7. Fracasso falso

Superfãs
Páginas 20 a 22

1. História verdadeira
2. Mentira deslavada
3. Mentira deslavada
4. História verdadeira
5. História verdadeira
6. História verdadeira
7. Mentira deslavada
8. História verdadeira
9. Mentira deslavada

10. História verdadeira	**12.** Mentira deslavada	**14.** Mentira deslavada	
11. História verdadeira	**13.** Mentira deslavada		

Favoritos
Páginas 32 a 34

1. c	**5.** a	**9.** a	**13.** b
2. b	**6.** a	**10.** b	
3. a	**7.** c	**11.** a	
4. b	**8.** a	**12.** c	

Verdadeiro ou falso?
Páginas 35 a 37

1. Verdadeiro	**6.** Verdadeiro
2. Falso - Foi o Louis	**7.** Verdadeiro
3. Verdadeiro	**8.** Verdadeiro
4. Falso - Foi o Niall	**9.** Verdadeiro
5. Falso - Foi o Harry	**10.** Falso - É o do Zayn

Qual foi a pergunta?
Páginas 40-41

1. F	**5.** D
2. G	
3. B	
4. A	

Todas as direções!
Páginas 52-53

R	T	T	H	G	I	N	L	L	A	P	U	N	O	T
S	A	E	F	I	C	R	B	X	T	F	O	H	N	A
S	V	L	U	O	Y	E	B	A	T	T	O	C	E	K
E	H	N	E	O	E	A	L	M	P	S	C	V	T	E
T	O	Y	S	T	O	R	Y	M	B	H	L	T	G	M
A	O	A	M	N	V	H	A	Y	R	I	L	K	M	E
H	T	P	I	Z	R	H	C	I	O	U	E	C	E	H
B	T	M	K	E	R	H	S	D	Y	H	W	S	I	O
O	A	A	V	E	G	M	J	R	A	T	O	E	O	M
Y	T	I	V	T	Z	Q	R	S	N	K	C	L	D	E
K	E	L	E	N	I	A	L	L	C	G	N	Y	A	Z
W	O	D	T	J	H	T	O	D	E	N	O	A	B	I
W	F	I	I	T	D	U	N	L	H	I	M	E	D	A
I	N	S	H	G	I	H	N	Y	D	F		B	I	T
V	L	C	W	S	B	S	T	N	I	A	S	L	L	A

Adivinhe quem é
Páginas 54 a 56

1. Zayn

2. O nome do primeiro filho dele

3. As irmãs dele

4. Jay-Z

5. Niall

6. Zayn

7. "Live While We're Young"

Linha do tempo
Páginas 86 a 90

1. "Fly Me to the Moon"
2. "Cry me a River"
3. "She's the One"
4. Rihanna
5. Royal Variety Performance
6. Madison Square Garden

Manchetes!
Páginas 97 a 99

"CABELO DO LIAM TOMA UMA NOVA DIREÇÃO"
— Notícia verdadeira

"VOU LARGAR TUDO E SEGUIR CARREIRA SOLO"
— Mentira deslavada

"O LIAM PAYNE É PÃO-DURO" — Notícia verdadeira

"SE NÃO FOSSE PELO ONE DIRECTION, EU ESTARIA
FAZENDO PEÇAS DE AVIÃO EM UMA FÁBRICA EM
WOLVERHAMPTON" — Notícia verdadeira

"CREDO! ERA UM MONSTRO?" — Mentira deslavada

"QUE DIREÇÃO FOI ESTA?" — Mentira deslavada

"QUERO SÓ O QUE EU PUDER COMER COM AS MÃOS"
— Mentira deslavada

"DOUTOR PAYNE" — Mentira deslavada

"O LIAM PAYNE DO ONE DIRECTION PESCA UM TUBARÃO" — Notícia verdadeira

"ASTRO DO ONE DIRECTION, LIAM PAYNE QUEBRA O DEDÃO DO PÉ" — Notícia verdadeira

"O LIAM TEM FOTO ESTAMPADA EM CALCINHA DE FÃ" — Mentira deslavada

"O LIAM DÁ UMA DE SUPER-HOMEM!" — Notícia verdadeira

Jogo dos erros
Na seção de fotos

1. Sumiu a estampa da manga da camisa do Liam.
2. Tem um botão preto a mais na camisa do Liam.
3. O Niall agora tem duas pulseiras vermelhas.
4. Os sapatos do Harry agora são azuis.
5. O lenço do Harry agora é vermelho.
6. O cabelo do Zayn não é mais louro.
7. A manga do casaco do Zayn é azul.
8. Está faltando o relógio do Zayn.

Créditos das Imagens:
Capa e contracapa: Dave J Hogan/Getty Images

Fotos:
Página 1, Startraks Photo/Rex Features
Página 2, Rex Features
Página 3, Brian Rasic/Rex Features
Página 4, Brian Rasic/Rex Features
Página 5, Owen Sweeney/Rex Features
Páginas 6-7, Ian West/PA Wire/Press Association Images
Página 8, Juan Naharro Gimenez/Getty Images

Este livro foi composto na tipologia Glypha LT Std,
em corpo 9,5/13,3, impresso em papel offwhite na LIS Gráfica e Editora Ltda.